Michael Imhof

BERLIN

50 Highlights,

die man gesehen haben muss

MICHAEL IMHOF VERLAG

Bildnachweis: Alle Abbildungen Michael Imhof und Bildarchiv des Michael Imhof Verlages, Petersberg, mit Ausnahme von: S. 20 u.li., 21 o: Bode-Museum, SMB/Michael Imhof; – S. 22, 23 u., 24/25: Pergamonmuseum, SMB/Michael Imhof; – S. 26 o., 27: Neues Museum, SMB/Michael Imhof; – S. 28/29 u.: Alte Nationalgalerie, SMB/Michael Imhof; – S. 30 u., 31: Altes Museum, SMB/Michael Imhof; – S. 41 (Nikolaikirche): Stadtmuseum Berlin, Foto: Michael Setzpfandt; S. 45 li.2.v.u. (Kaiserpanorama): Märkisches Museum/Stadtmuseum Berlin, Foto: Michael Setzpfandt; – S. 60 o.re., 89 (Chromolithographie): Wikimedia Commons; – S. 66, 67: Gemäldegalerie, SMB/Michael Imhof; – S. 68 u.: Neue Nationalgalerie, SMB/Michael Imhof; für das Werk von Pablo Picasso gilt: © Succession Picasso/VG Bild-Kunst, Bonn 2013; – S. 80 u., 81: Ethnologisches Museum/Museum für Asiatische Kunst/Museum Europäischer Kulturen, SMB/Michael Imhof; – S. 83 o.: Kunstgewerbemuseum Schloss Köpenick, SMB/Michael Imhof; – S. 87 o.: Dieter Heidenreich, Berlin; – S. 92 o.: Reproduktion aus: Die Mark Brandenburg. Farbenphotographie, hrsg. von Franz Goerke, Berlin 1913; – S. 94/95: © 2013 Kartographie Berliner Verkehrsbetriebe (BVG).

Michael Imhof Verlag GmbH & Co. KG
Stettiner Straße 25
D-36100 Petersberg
Tel. 0661/29191660 – Fax 0661/29191669
www.imhof-verlag.com

Gestaltung und Reproduktion: Michael Imhof Verlag
Druck: B.o.s.s. Druck und Medien GmbH, Goch
Printed in EU

ISBN 978-3-86568-774-6

Einleitung

Berlin ist die Hauptstadt und der Regierungssitz der Bundesrepublik Deutschland und mit über 3,5 Millionen Einwohnern die größte Stadt Deutschlands. Berlin gilt heute als eine Weltstadt der Kultur, der Medien und der Wissenschaften. Universitäten, Forschungseinrichtungen und Museen besitzen Weltruf.

Von 1961 bis 1989 wurde die Stadt durch eine Mauer in Ost-Berlin (Hauptstadt der zum Ostblock gehörenden, diktatorischen DDR, ehemals sowjetischer Sektor) und West-Berlin (Bundesland der Bundesrepublik Deutschland, ehemals amerikanischer, englischer und französischer Sektor) geteilt. Der Fall der Mauer – am 9. November 1989 – bedeutete das Ende der Teilung Berlins. Mit der Auflösung der DDR am 3. Oktober 1990 und der gleichzeitigen Wiedervereinigung Deutschlands wurden die Weichen für den Regierungsumzug von Bonn nach Berlin gestellt, der 1991 entschieden und 1999 vollzogen wurde. 1994 zogen die Alliierten und sowjetischen Streitkräfte aus Berlin ab.

Seit dem Jahr 1999 erfüllt Berlin seine Aufgabe als Hauptstadt eines wiedervereinigten Deutschland. Innerhalb weniger Jahre wurden Altbauten umgebaut und repräsentative Neubauten für die Regierung, für Ministerien, Botschaften und Verbände errichtet. In Berlin bestand für das ausgehende 20. und frühe 21. Jahrhundert die einzigartige Situation, das Stadt- und Regierungszentrum einer historisch gewachsenen Millionenstadt vollständig neu zu planen und auch großteils neu zu errichten. Diese Situation wurde gemeistert, wobei Architekten von Weltruf – Sir Norman Foster, Meinhard von Gerkan,

Frank O. Gehry, Helmut Jahn, Josef P. Kleihues, Rem Koolhaas, Hans Kollhoff, Daniel Libeskind, Ieoh Ming Pei, Renzo Piano, Aldo Rossi und Oswald Mathias Ungers – tätig wurden.

Die Planungen sahen vor, die Regierungsbauten überwiegend im Spreebogen um das Reichstagsgebäude und im Bezirk Mitte nahe der sich kreuzenden Achsen Unter den Linden und Friedrichstraße anzusiedeln. Die Niederlassungen der Bundesländer entstanden unter anderem in der „Allee in den Ministergärten". Die Botschaften ließen sich z. T. an ihren Vorkriegsstandorten und im südlichen Tiergarten zwischen Klingelhöferdreieck und Kulturforum nieder.

Die während der DDR-Zeit begonnene modernisierende Wiederherstellung des Bezirks Mitte wurde nach den Grundsätzen der „Kritischen Rekonstruktion" – wie schon während der Internationalen Bauausstellung von 1987 unter Leitung von Josef Paul Kleihues befürwortet – vorangetrieben. Die Planung fordert unter anderem die Blockrandbebauung, die sich an der geschlossenen Häuserbebauung des historischen Berlin orientiert. Einzelne Gebäude sollten nicht hervortreten, abgesehen von den für Berlin typischen markanten Eckgebäuden, die abgerundet oder mit einem Turm versehen sein können. Bevorzugt werden sollten traditionelle Baumaterialien. Der Pariser Platz mit dem Brandenburger Tor sollte seine alte Fassung zurückerhalten.

Der Potsdamer Platz, einst verkehrsreichster Platz Europas, 1989 Brachland auf dem Mauerstreifen, erhielt westseitig Hochhäuser, die als eine Art Tor in die scheinbar gewachsene Blockrandbebauung des debis-Areals bzw. zum Sony Center überleiten. Im Unterschied zur Hochhausstadt US-amerikanischen Musters sollen die Hochhäuser hier nur Akzente setzen, wie sie in Berlin ähnlich die beiden Wohntürme am Frankfurter Tor (1957–60) oder die Kirchtürme am Gendarmenmarkt bilden.

1 Brandenburger Tor

Der 1732–34 angelegte Pariser Platz erhielt seinen Namen nach der alliierten Eroberung von Paris 1814. Denn 1806 war auf Befehl Napoleons nach der Niederlage Preußens die Quadriga nach Paris gebracht worden. Sie kehrte 1814 in einem Triumphzug nach Berlin zurück.

Das Brandenburger Tor bildet den westlichen Abschluss der Prachtstraße Unter den Linden. Von 1961 bis 1989 Symbol der geteilten Stadt, wurde es mit dem Fall der Mauer am 9. November 1989 zum Sinnbild des wiedervereinigten Deutschland. Kunsthistorisch betrachtet ist es einer der frühesten und bedeutendsten Torbauten des Klassizismus, das früheste Bauwerk des Klassizismus in Berlin und die einzige erhaltene Toranlage der Stadt. Carl Gotthard Langhans entwarf das Brandenburger Tor 1788 nach dem Vorbild der Propyläen auf der Akropolis in Athen und als Ersatz für einen Vorgangerbau von 1735. Die Toranlage mit fünf Durchfahrten

Holocaust-Mahnmal (Behrenstraße) von Peter Eisenman, 2001–05, Denkmal für die Ermordung von 6 Mio. Juden im Dritten Reich auf einem 19 000 m² großen Gelände südlich des Pariser Platzes, bestehend aus rund 2700 unterschiedlich hohen Stelen

(Pariser Platz)

wurde 1789–91 ausgeführt und 1793 durch Johann Gottfried Schadows (Entwurf) und Emanuel Jurys (Ausführung des Kupfergusses) sechs Meter hohe Quadriga – der Siegesgöttin mit einem Viergespann – vollendet. Die ursprünglich als Wache und Steuerhaus genutzten seitlichen Bauten waren mit der alten Zollmauer verbunden und wurden nach deren Abbruch durch Heinrich Strack 1867–68 mit offenen Säulen im Westen zur Tiergartenseite umgestaltet.

2 Reichstagsgebäude

Der 1884–94 nach Plänen von Paul Wallot errichtete, 137 m lange und 97 m breite neobarocke Prunkbau mit einer mächtigen Glaskuppel und einer Kaiserkrone an der Spitze sollte von der Größe und Stärke des 1871 in Versailles ausgerufenen, wiederbegründeten Deutschen Reiches künden (unten: Ansicht um 1900). Das Reichstagsgebäude war von 1894 bis 1933 Tagungsort der Parlamente des Kaiserreichs und der Weimarer Republik. Beim Reichstagsbrand am 27./28. Februar 1933 wurde der Plenarsaal vernichtet. Stark kriegsbeschädigt, sprengte man 1954 die Kuppelreste und richtete ab 1961 das Gebäude nach Plänen Paul Baumgartens als Berliner Dependance des Bundestages (seit 1972) und als Tagungs- und Ausstellungsort ein. Am 4. Oktober 1990 fand hier die erste Sitzung des gesamtdeutschen Bundestags statt. Nach dem Umzugsbeschluss des Bundestags am 29.10.1991 erhielt 1993 der britische Architekt Sir Norman Foster den Auftrag für den Umbau zum Deutschen Bundestag mit der heutigen Glaskuppel (Abb. rechts).

3 Bundeskanzleramt

Das Bundeskanzleramt (Willy-Brandt-Straße) wurde 1997–2001 von den Architekten Axel Schultes und Charlotte Frank erbaut und ist Sitz des Bundeskanzlers bzw. der Bundeskanzlerin.

Das Bundeskanzleramt, eine ausdrucksvolle Kolossalarchitektur, die neue Maßstäbe setzt, steht in baulich enger Beziehung zum Paul-Löbe- und Marie-Elisabeth-Lüders-Haus sowie dem Reichstagsgebäude. Es besitzt einen zentralen Hauptbau von 40 m Höhe, der von 22 m hohen Bürotrakten flankiert wird. Diese kammartig ausgebildeten Gebäudeflügel fassen im Osten einen Ehrenhof ein. Im Westen schließt sich auf der anderen Seite der Spree der nach Plänen von Cornelia Müller und Jan Wehberg gestaltete Kanzlergarten an, der über eine Brücke erreichbar ist.

Paul-Löbe-Haus 4

Das 200 m lange, 100 m breite und 22 m hohe achtgeschossige Gebäude von Stephan Braunfels (1997–2000) steht in baulicher Beziehung zum Bundeskanzleramt und bildet mit dem Marie-Elisabeth-Lüders-Haus (1998–2003) auf der anderen Spreeseite (Abb. unten) eine gestalterische und funktionale Einheit. Hier sind etwa 900 Büros der Bundestagsabgeordneten und Ausschusssekretariate, Sitzungssäle, Räume für die Öffentlichkeitsarbeit, der große Sitzungssaal des Europaausschusses und ein Restaurant mit Spreeblick untergebracht. Imposant ist die Hauptfront in Richtung Kanzleramt mit dem mächtigen Vordach, das von vier überschlanken Säulen getragen wird. Die verglaste, großdimensionierte Fassade, die den Blick ins Innere, vornehmlich die gläserne, durchgehende Mittelhalle, freigibt, und das „schwebende" Dach vermitteln das Gefühl von Transparenz.

5 Hauptbahnhof

Nördlich des Kanzleramtes steht Berlins neuer Zentralbahnhof. Der neue Hauptbahnhof (früher Lehrter Bahnhof) wurde von 1996 bis 2006 von gmp, den Architekten von Gerkan, Marg und Partner aus Hamburg, entworfen und ausgeführt. Europas größter Kreuzungsbahnhof für ICE-Strecken im Nord-Süd- bzw. Ost-West-Verkehr zeichnet sich durch seine imposante monumentale Glaskonstruktion aus.

Der Bahnhof besitzt zwei Hauptebenen für den Bahnverkehr und drei Verbindungs- und Geschäftsebenen. Die in West-Ost-Richtung verlaufende 321 m lange und bis zu 66 m breite Bahnsteighalle wird von einer korbbogenförmigen bis zu 16 m hohen stützenlosen Glasdachkonstruktion überspannt. In die Glasfläche ist eine 2700 m² umfassende Photovoltaikanlage integriert. Die Bahnsteighalle überfangen zwei bis zu 107 m lange Querbauten mit Büros und das 50 m breite und 180 m lange Nord-Süd-Dach.

Museum für Naturkunde 6

Das Museum für Naturkunde (Invalidenstraße 43) ist in dem 1883–89 von August Tiede im Stil der italienischen Renaissance errichteten Prachtbau untergebracht. Es ist (neben dem Frankfurter Senckenbergmuseum) das größte Naturkundemuseum Deutschlands. Im überdachten Lichthof steht das größte aufgebaute Skelett eines Dinosauriers. Das bislang besterhaltene Skelett eines Brachiosaurus brancai fand eine deutsche Expedition in den Tendaguru-Schichten der damaligen Kolonie Deutsch-Ostafrika, dem heutigen Tansania.

7 Neue Synagoge

Die Neue Synagoge in der Oranienburger Straße ist das Hauptwerk des maurischen Baustils in Berlin, der im 19. Jahrhundert häufig für Synagogen angewendet wurde. Der stattliche Ziegelrohbau wurde nach Entwurf von Eduard Knoblauch 1859 begonnen und 1866 von Friedrich August Stüler vollendet. Auffällig sind vor allem die Turmaufbauten mit Kuppeln auf oktogonalem Tambour, insbesondere die neu vergoldete, 50 m hohe Mittelkuppel. In der „Reichskristallnacht“ 1938 geschändet und 1943 durch Bomben schwer beschädigt, wurde die Ruine von 1988 bis 1995, jedoch ohne den zerstörten Hauptbau, wiederhergestellt.

Sophienkirche 8

Die Sophienkirche wurde als Pfarrkirche der Spandauer Vorstadt 1712–13 wohl nach Plänen von Philipp Gerlach als Stiftung der Königin Sophie Luise – Gemahlin Friedrichs I. – errichtet. Die Kirche erhielt 1732–34 unter Johann Friedrich Grael in Anlehnung an Schlüters Münzturm und die Potsdamer Garnisonkirche einen fast 70 m hohen Turm, den einzigen original erhaltenen Barockturm Berlins. 1892–95 gestaltete man den Kirchenraum neobarock zur Langhauskirche um. Auf dem Kirchhof befinden sich die Gräber des Komponisten Carl Friedrich Zelter

(1758–1832) und des Historikers Leopold von Ranke (1795–1886). Wenige Meter südlich liegt der 1672 angelegte, 1827 geschlossene, 1943 eingeebnete und 1945 zur Parkanlage umgestaltete Alte Jüdische Friedhof. Zur Anlage gehört eine Denkstätte mit der Skulptur „Jüdische Opfer des Faschismus“ von Will Lammert (Abb. unten links).

9 Hackesche Höfe

Um die Brandgefahr zu verringern, mussten ab 1672 alle Scheunen für Heu und Stroh nach außerhalb der Stadtmauer vor das Spandauer Tor verlegt werden. Nachdem im selben Jahr vor dem Tor auch ein jüdischer Friedhof angelegt wurde, entwickelte sich hier, in der sogenannten Spandauer Vorstadt, ein im Laufe der Jahrhunderte immer dichter besiedeltes Scheunen- und Judenviertel.

Am Hackeschen Markt, der 1750 durch den Stadtkommandanten Hans Christoph Graf von Hacke angelegt worden war, entstanden 1906/07 zwischen der Rosenthaler- und der Sophienstraße die Hackeschen Höfe – die größte Wohn- und Gewerbehof-Anlage Deutschlands. Mit der Anlage beabsichtigte der Architekt und Bauunternehmer Kurt Berndt, ein beispielhaftes Umfeld für ein moderneres, gesünderes Wohnen und Arbeiten mittels viel Licht, Grünpflanzen und Hygiene zu schaffen. Berühmt sind vor allem die durch den Berliner Architekten und Designer August Endell entworfenen Jugendstil-Hoffassaden (siehe Abbildungen). Die acht Hofanlagen werden heute durch 40 Gewerbeunternehmen und Kultureinrichtungen sowie als Wohnungen genutzt.

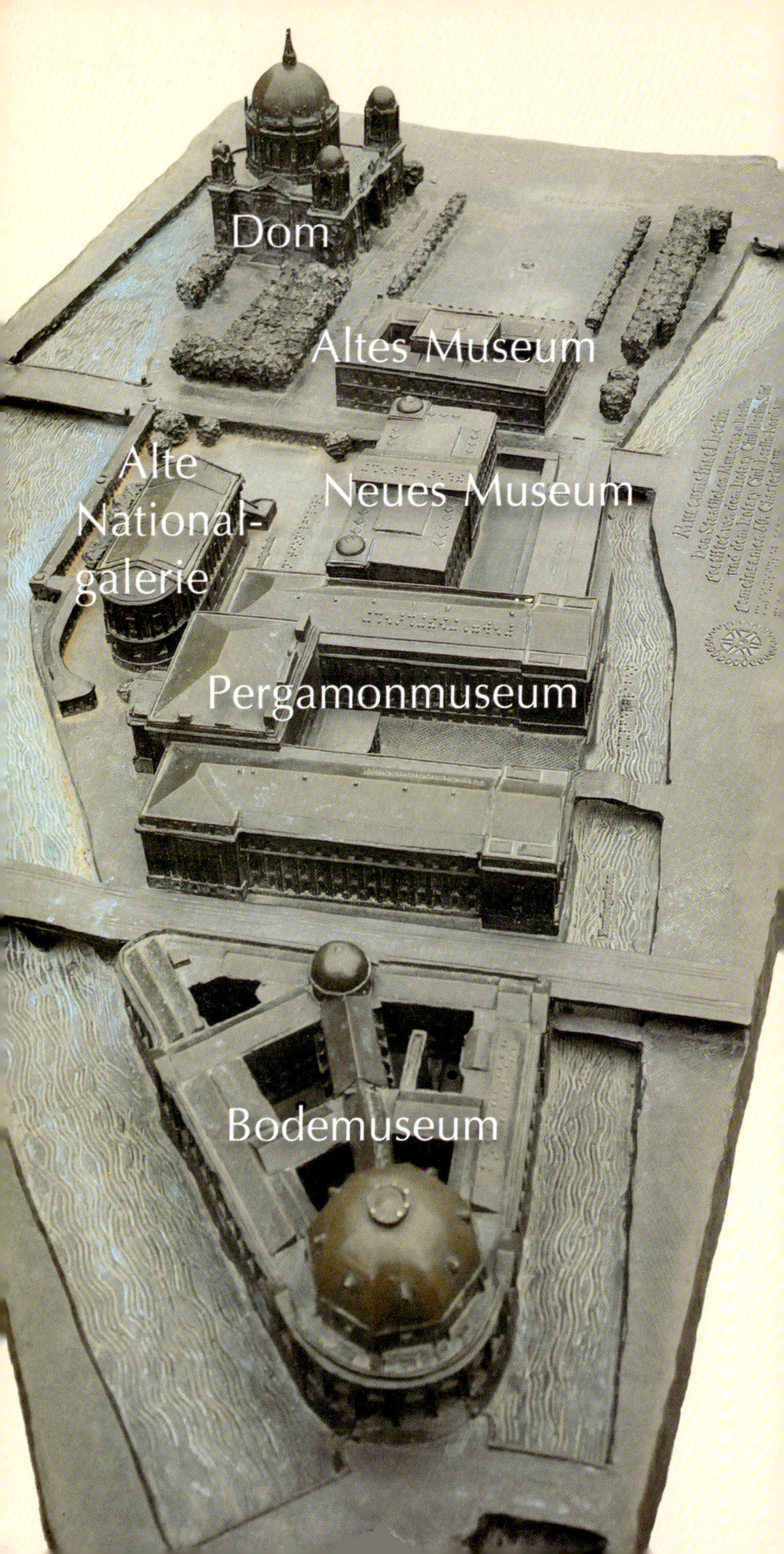
Dom
Altes Museum
Alte
National-
galerie
Neues Museum
Pergamonmuseum
Bodemuseum

„Museumsinsel" 10–15

Der nördliche Teil der Spreeinsel im Zentrum Berlins besteht aus einem einzigartigen Ensemble von fünf bedeutenden Museumsbauten, die zum Weltkulturerbe gehören. Der Wunsch nach einem Museumsbau entstand, als man 1815 die von den Franzosen unter Napoleon geraubten Kunstwerke nach ihrer Rückführung in einer öffentlichen Ausstellung zeigte. Auch beabsichtigte Friedrich Wilhelm III., seine 1815 bzw. 1821 erworbenen Sammlungen Giustiniani und Solly sowie seine Kunstwerke aus den verschiedenen Schlössern der Hohenzollern der Öffentlichkeit zugänglich zu machen. Realisiert wurden die Museumsplanungen Schinkels aus dem Jahr 1822/23, der die Nordseite des Lustgartens gegenüber dem Schloss durch das Verfüllen des dortigen alten Kanals zwischen Spree und Kupfergraben als Bauplatz vorschlug. Hier entstand zwischen 1825 und 1830 das Alte Museum, das diesen Namen erhielt, nachdem das Neue Museum 1843–55 entstanden war. Das Alte Museum, ein Hauptwerk des Klassizismus, ist der drittälteste Museumsbau Deutschlands – nach dem Fridericianum in Kassel und der Münchner Glyptothek. Die Vierflügelanlage besitzt eine von 18 Säulen getragene Vorhalle und zwei Innenhöfe beidseitig einer Rotunde in Anlehung an das römische Pantheon. Vor dem Eingang steht eine 1828 aus einem Findling geschliffene Granitschale (Durchmesser 6,9 m) von Christian Gottlieb Cantian (1834), die eigentlich für die Rotunde vorgesehen war.

Das Konzept für eine Ansammlung von Museen geht auf König Friedrich Wilhelm IV. zurück, der 1841 in einem Erlass die Absicht äußerte, „die ganze Spree-Insel hinter dem (Alten) Museum zu einer Freistätte für Kunst und Wissenschaft umzuschaffen." Die Entwicklung zur Museumsinsel begann 1830 mit der Eröffnung des Alten Museums und setzte sich mit dem Neuen Museum 1843–55 von Friedrich August Stüler fort, der auch die Alte Nationalgalerie entwarf (1866–76 von Johann Heinrich Strack ausgeführt). Das Bode-Museum entstand 1897–1904. 1909–30 folgte nach Entwürfen von Alfred Messel unter Ludwig Hoffmann der Bau des Pergamonmuseums als erstes Architekturmuseum der Welt.

Um den Anforderungen einer modernen Museumslandschaft zu entsprechen, werden die Gebäude nach einem Masterplan des Londoner Architekten David Chipperfield gegenwärtig unterirdisch miteinander verbunden und um einen Eingangsneubau erweitert.

links: Bronzemodell der Berliner Museumsinsel des Bildhauers Egbert Broerken an der Westseite des Alten Museums

10 Bode-Museum

Malerisch zwischen Spree und Kupfergraben gelegen, erhebt sich auf dreieckigem, der Inselspitze angepasstem Grundriss das Bode-Museum (früher: Kaiser-Friedrich-Museum), ein Neobarockbau von 1897–1904 des Architekten Ernst von Ihne. Die Kuppel markiert das große Treppenhaus (Abb. oben rechts). In den Innenräumen beherbergt der Bau die Skulpturengalerie der Staatlichen Museen zu Berlin. Gezeigt werden Arbeiten vom Mittelalter bis zum späten 18. Jahrhundert aus Mitteleuropa, Frankreich, Italien und Spanien. Schwerpunkte bilden die italienische Frührenaissance mit Werken von Luca della Robbia und Donatello sowie die Kunst der deutschen Spätgotik mit Arbeiten u. a. von Tilman Riemenschneider, Hans Brüggemann, Niclaus Gerhaert und Hans Leinberger. Bemerkenswert sind auch die barocken Skulpturen von Ignaz Günther, Joseph Anton Feuchtmayer, Edmé Bouchardon, Pierre Puget und Jean-Antoine Houdon.

In die Sammlung ist das Museum für Byzantinische Kunst integriert. Hier werden Werke von der Kleinskulptur bis zu Wandfragmenten vom 3. bis zum 15. Jahrhundert aus Italien, der Türkei, aus den Balkanländern, Griechenland, Nordafrika, dem Nahen Osten und Russland gezeigt, darunter ein Apsismosaik aus Ravenna (6. Jahrhundert). Im Bode-Museum ist auch das Münzkabinett untergebracht, eine der größten derartigen Sammlungen der Welt.

BODE-MUSEUM

Pergamonmuseum 11

Das Pergamonmuseum wurde ab 1907 von Alfred Messel geplant und zwischen 1910 und 1930 durch Ludwig Hoffmann errichtet. Hier sind heute Teile der Antikensammlung, das Vorderasiatische Museum und das Museum für Islamische Kunst untergebracht. Berühmtheit besitzen insbesondere die im Museum gezeigten Monumentalbauten: der griechisch-antike Pergamonaltar, das römische Markttor von Milet und das babylonische Ischtar-Tor mit der davor gelegenen, ursprünglich mindestens 180 m langen Prozessionsstraße als Teil der Sieben Weltwunder der Antike: den Mauern von Babylon.

Kernstück der Antikensammlung im Pergamonmuseum bilden die Kunstwerke der griechischen und römischen Baukunst, vornehmlich der Pergamonaltar aus dem 2. Jahrhundert v. Chr., der 1878–86 in Perga-

Ischtar-Tor (links) und die davor gelegene und von Löwen flankierte Prozessionsstraße von Babylon (unten), Südmesopotamien (Babylon), 6. Jh. v. Chr., aus Original-Bruchstücken in Berlin wiedererrichtet, Pergamonmuseum

Pergamonaltar, hellenistisch, 2. Viertel 2. Jahrhundert v. Chr.

mon (heute Türkei) ergraben wurde. Darüber hinaus sind unter anderem das Orpheus-Mosaik aus Milet (Ende 2. Jahrhundert v. Chr.), der römische Grabbau der Cartinia aus Falerii (3. Viertel des 1. Jahrhundert n. Chr.), das Markttor von Milet (2. Jahrhundert n. Chr.) und antike Skulpturen ausgestellt.
Herausragende Kunstwerke besitzt auch das Vorderasiatische Museum, das neben den Funden aus Babylon Kunstwerke aus Uruk, der ersten Megastadt der Menschheit und Stadt des legendären Helden Gilgamesch, aus Kalchu (Herrscher- und Löwenjagdreliefs aus der Zeit Assurnasirpals II. [883–859 v. Chr.]), aus Assur, der Hauptstadt des assyrischen Reichs, und aus der königlichen Palastanlage von Susa beherbergt.
Das Museum für Islamische Kunst kann gleichfalls bedeutende Kunstwerke aufweisen, darunter die Portalfassade einer Residenz des Kalifen al-Walid II. in Mschatta von 743/44 n. Chr., eine der schönsten persischen Gebetsnischen von 1226, die aus der Maidan-Moschee in Kaschan (Iran) stammt, und das im frühen 14. Jahrhundert aus Zedern- und Pappelholz geschaffene ornamental verzierte Kuppeldach aus dem Palacio del Partal der Alhambra in Granada (Spanien).

Zweigeschossige Fassade des römischen Nordtores zum Staatsmarkt der klein-asiatischen Stadt Milet, kurz vor 129 n. Chr., Pergamonmuseum

Neues Museum

Das Neue Museum wurde 1843–55 von Friedrich August Stüler als zweites Museum (nach dem Alten Museum) auf der Museumsinsel errichtet. Aufgrund seiner Eisenkonstruktionen und seines industrialisierten Bauverfahrens gilt der Museumsbau als erster Monumentalbau mit konsequenter Anwendung neuer, durch die Industrialisierung ermöglichter Bautechniken in Preußen. Die Innengestaltung war eng auf die Sammlungsbestände ausgerichtet, so dass beispielsweise die ägyptischen Kunstwerke in eine ägyptisch dekorierte Raumfassung eingebunden waren. Im Zweiten Weltkrieg stark beschädigt, beließ der englische Architekt David Chipperfield bei der bis 2009 vollzogenen Restaurierung teilzerstörte Raumausstattungen sichtbar und ergänzte die nicht mehr vorhandenen Gebäudeteile.

Das Neue Museum beherbergt heute das Ägyptische Museum mit Papyrussammlung und das Museum für Vor- und Frühgeschichte, dessen bekannteste Schätze der „Berliner Goldhut“ (Abb. oben), eine vollständig aus Gold bestehende, 74 cm hohe und 490 g schwere Tiara eines Kultherrn aus der späten Bronzezeit (etwa 10. Jahrhundert v. Chr.), und die „Sammlung trojanischer Altertümer“ sind, die Heinrich Schliemann

1881 dem Museum vermachte. Berühmtestes Ausstellungsstück des Ägyptischen Museums ist die Büste der ägyptischen Königin Nofretete (um 1340 v. Chr., Abb. rechts), die 1912 in der Werkstatt des Thutmosis im ägyptischen Amarna ausgegraben wurde. Neben weiteren bedeutenden Skulpturen, Reliefs und Malereien aus Amarna (Abb. oben) besitzt das Museum ägyptische Kunstobjekte aus allen Epochen, darunter die Würfelfigur des Senenmut (um 1475 v. Chr.), des Beraters der Pharaonin Hatschepsut.

...te Nationalgalerie

...ge Prunkbau mit großen ...anlagen innen und außen sowie dem Reiterstandbild Friedrich Wilhelms IV. (1886 von Alexander Calandrelli geschaffen) geht auf eine Skizze Wilhelms IV. von 1841 und Entwürfe Friedrich August Stülers zurück. Baubeginn war 1866, als Stüler verstarb und Johann Heinrich Strack die Bauleitung übernahm. Am 21. März 1876 konnte die Nationalgalerie feierlich eröffnet werden.

Ausgestellt sind Gemälde und Skulpturen des 19. Jahrhunderts von Jakob Philipp Hackert und den Nazarenern (Cornelius, Overbeck, Schadow) zu Beginn des Jahrhunderts bis hin zu Arbeiten von Franz von Stuck und Max Liebermann um 1910. Höhepunkte der Sammlung bilden Hauptwerke von Caspar David Friedrich, Ferdinand Georg Waldmüller, Adolph Menzel, Edouard Manet, Claude Monet , Auguste Renoir, Arnold Böcklin und Skulpturen von Edgar Degas, Auguste Rodin, Johann Gottfried Schadow, Bertel Thorwaldsen und Antonio Canova.

DER DEUTSCHEN KUNST MDCCCLXXI

14 Altes Museum

Das Alte Museum, ein Hauptwerk des Klassizismus, wurde nach Entwürfen Schinkels von 1822/23 als drittältester Museumsbau Deutschlands 1825–30 erbaut. Die Vierflügelanlage besitzt eine von 18 Säulen getragene Vorhalle und zwei Innenhöfe beidseitig einer Rotunde (Abb. unten) in Anlehung an das römische Pantheon.

Ursprünglich für alle Berliner Kunstsammlungen geschaffen, wird im Alten Museum seit 1904 die weltberühmte Antikensammlung gezeigt, die seit 2010/11 exzellent neu präsentiert wird. Ausgestellt sind im Hauptgeschoss antike griechische Statuen, Vasen, Bronzen, Terrakotten, Münzen und Schmuckstücke. Im Obergeschoss wird die erlesene Sammlung der römischen Antike präsentiert, darunter die Darstellungen von Caesar und Kleopatra (Abb. rechts Mitte rechts).

Römische Skulptur
nach griechischem Vorbild
Roman Sculpture
and Greek Model

Berliner Dom 15

Der Berliner Dom – nach Entwürfen von Julius Raschdorff 1894–1905 als imposantes neobarockes Bauwerk mit reicher Innenausstattung errichtet – orientiert sich in seinen Architekturformen am Petersdom in Rom. Seine Bedeutung spiegelt sich in seiner exponierten Lage am Lustgarten zwischen dem Alten Museum und dem ehem. Stadtschloss und seinen Funktionen als Oberpfarr- und Domkirche sowie als Grabkirche der Hohenzollern wider. Der schlichte Vorgängerbau, der nach Plänen von Knobelsdorff durch Johann Boumann 1747–50 errichtet und 1817–22 durch Schinkel klassizistisch umgestaltet worden war, musste auf Druck Kaiser Wilhelms II. dem Repräsentationsbau „als Hauptkirche des preußischen Protestantismus in Berlin" weichen. Nach Kriegsschäden wurden die Kuppeln vereinfacht wiederaufgebaut. Die sich im Norden anschließende sogenannte Denkmalskirche wurde 1975–76 entfernt. In der Domgruft stehen 90 Sarkophage und Grabmäler von Angehörigen des Hauses Hohenzollern, darunter das Bronzegrabmal für Kurfürst Johann Cicero von Peter Vischer (1530) und der Prunksarg Friedrichs I. (1713) sowie der Sarkophag der Königin Sophie Charlotte (1705), beide von Andreas Schlüter in vergoldetem Zinnbleiguss ausgeführt.

16 Marienkirche

Die Marienkirche bildete das Zentrum der um 1250 begründeten ersten mittelalterlichen Stadterweiterung Berlins und war die zweite Hauptpfarrkirche der Stadt. Ursprünglich umgeben von einer dichten Bürgerhausbebauung, steht die Marienkirche heute als Solitär auf einer großen Freifläche in unmittelbarer Nähe zum Fernsehturm. Um 1270 begonnen, konnte der Chor im späten 13. Jahrhundert genutzt und die gesamte Kirche im frühen 14. Jahrhundert vollendet werden. Um 1340 erbaute man an der Südseite eine Sakristei. Nach dem großen Stadtbrand von 1380 musste die Kirche erheblich umgebaut werden. Dabei entstanden u.a. neue Pfostenfenster und die spätgotischen Sterngewölbe im Chor sowie im östlichen Langhaus. Ab 1418 bis Ende des 15. Jahrhunderts wurde die Hallenkirche nach Westen erweitert. Der Westturm (15. Jahrhundert, mehrfach zerstört), dessen Untergeschosse als dreischiffige Vorhalle in Bruchsteinmauerwerk erbaut wurden, erhielt seinen heutigen kupferbeschlagenen Aufsatz von Carl Gotthard Langhans 1789/90 (Fialen 19. Jahrhundert). Dabei ging der Architekt eine Verbindung von klassizistischer und gotisierender Form ein und schuf damit eines der frühen Beispiele der Neugotik in Deutschland. Die 1729 im Süden angefügte Magistratsloge gestaltete Hermann Blankenstein 1893/94 neugotisch um und ergänzte nach dem Vorbild der Sakristei eine Vorhalle, so dass sich an der Südfassade eine Reihung von vier dekorativ gestalteten Giebeln ergab.

Die Marienkirche überstand den Zweiten Weltkrieg ohne große Schäden, so dass selbst das mächti-

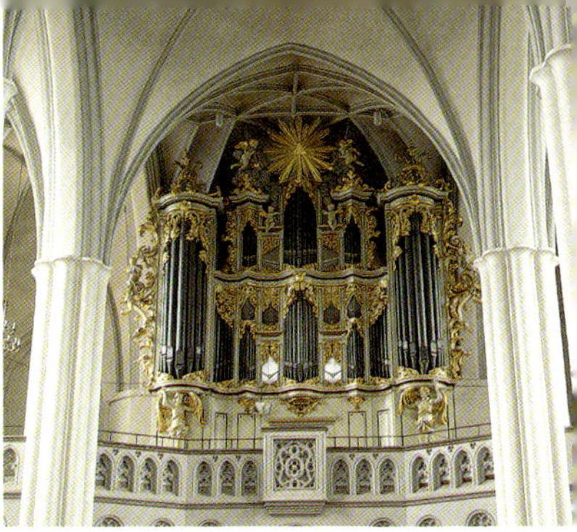

ge gotische Dachwerk erhalten blieb. In der Turmhalle befindet sich die 2 m hohe und 22 m lange Wandmalerei mit dem „Totentanz", entstanden nach einer Pestepidemie um 1484/85. Es ist eine der wenigen original am Ort erhaltenen Darstellungen dieses Themas in Deutschland. Das Hauptwerk der spätgotischen Wandmalerei in Berlin zeigt die Vertreter aller Stände im Reigen mit tanzenden Leichnamen.

Unter den vielen bemerkenswerten Ausstattungsstücken sind ein Bronzebecken von 1441, die Alabasterkanzel von Andreas Schlüter (1702/03) und die Orgel von Joachim Wagner (1720/21) mit einem Prospekt von Johann Georg Glume hervorzuheben. Einige Objekte stammen aus der Franziskaner-Klosterkirche.

park inn

Das mit 365 m höchste Bauwerk Berlins und zweithöchste Europas, der Fernsehturm, wurde 1965–69 nach einer Idee von Hermann Henselmann und nach Plänen von Fritz Dieter und Günter Franke erbaut. In seinem kugelförmigen Kopf sind in 203 m Höhe eine Aussichtsplattform und ein Café mit 200 Plätzen untergebracht, die sich dabei stündlich einmal um die Achse des Turms drehen.

In unmittelbarer Nähe stehen das Berliner Rathaus und der Neptunbrunnen (siehe Abb.). Das Berliner Rathaus (seit 1991 Senatskanzlei und Sitz des Oberbürgermeisters) wurde 1861–69 nach Plänen von Hermann Friedrich Waesemann mit einem 97 m hohen Turm aus rotem Ziegel (deshalb auch „Rotes Rathaus" genannt) im Rundbogenstil erbaut.

Es besitzt einen um das Gebäude laufenden Fries aus Terrakotta-Reliefs, eine „Steinerne Chronik" Berlins bis 1871 (ausgeführt 1876–79). Der Neptunbrunnen von Reinhold Begas (1886) stand ursprünglich zwischen Neuem Marstall und Stadtschloss. Vorbild war Berninis Tritonen- und Vierströmebrunnen in Rom. Die Figuren zeigen Neptun und vier Frauengestalten als Personifikationen von Elbe, Weichsel, Oder und Rhein.

18 Nikolaiviertel

Bereits Ende der DDR-Zeit hatte sich der Wunsch nach einem „historischen" Gesicht der Stadtmitte geregt, so dass zwischen 1980 und 1987 anlässlich der 750-Jahr-Feier der Stadt Berlin der Wiederaufbau des brachliegenden Nikolaiviertels mit der als Ruine belassenen Nikolaikirche vollzogen wurde. Man wählte eine kleinteilige Architektur in Großplattenbauweise oder aus Fertigteilen mit Giebelgruppen, die sechs erhaltene Wohnhäuser (darunter das Knoblauchhaus von 1759/60 und 1835) sowie rekonstruierte Gebäude auf einem mittelalterlich anmutenden Stadtgrundriss mit schmalen, unregelmäßig verlaufenden Gassen ergänzten. Durch nachgebaute historische Laternen, Reklameschilder und anderes Stadtmobiliar sollte die Aura des „Alten" Berlin mit etwa 800 Wohnungen, zahlreichen Geschäften und Gaststätten wiedererweckt werden.

Rekonstruiert, jedoch an verändertem Ort wiederaufgebaut, wurden unter anderem die Gaststätte „Zum Nußbaum" (ursprünglich 15./16. Jahrhundert), die Gerichtslaube des Rathauses (ursprünglich um 1270 errichtet, 1555 und in der Barockzeit verändert, 1871 abgebrochen) und das Gasthaus „Zur Rippe" (um 1690 erbaut, 1935 abgebrochen). Das barocke Ephraim-Palais wurde – um einige Meter westlich von seinem ursprünglichen Standort versetzt – unter Verwendung originaler Bauteile wiedererrichtet. Die Fassaden entlang der Propststraße und am Nikolaikirchplatz bzw. Mühlendamm sind Neuschöpfungen im Stil des 18. und 19. Jahrhunderts nach Plänen von Heinz Mehlan und Rolf Ricken.

Knoblauchhaus, 1759–61 als Wohnhaus für die Familie des Nadlermeisters Johann Christian Knoblauch errichtet. Die Fassade wurde 1806 klassizistisch umgestaltet. Das Gebäude ist eines der wenigen am ursprünglichen Standort verbliebenen Berliner Bürgerhäuser des 18. Jahrhunderts. Die Familie Knoblauch besaß einen umfangreichen Bestand an Möbeln, Porzellan, Gemälden und Fotografien, der heute in dem als Museum genutzten Gebäude zu sehen ist.

Gerichtslaube (Rathaus). Die Gerichtslaube wiederholt unter Verwendung alter Bauteile die um 1270 errichtete und in der Barockzeit veränderte Gerichtslaube, die 1871 abgebrochen und im Park von Schloss Babelsberg gotisierend nach Plänen von J. H. Strack wiederaufgebaut wurde.

unten: Blick vom Berliner Dom auf das ehemalige mittelalterliche Stadtzentrum mit dem Roten Rathaus (links), dem Stadthaus (Mitte) und der Nikolaikirche (rechts)

19 Nikolaikirche

Die Nikolaikirche ist das zentrale Bauwerk des Nikolaiviertels. Schon zur Gründungszeit Berlins bestand hier eine Kirche mit Friedhof, dessen älteste nachgewiesene Gräber in das ausgehende 12. Jahrhundert datiert werden. Ältester Bauteil und damit ältestes erhaltenes Bauwerk Berlins ist der Westbau mit seinen neugotischen Turmobergeschossen. Die unteren drei Geschosse aus Granitquadern gehören zu einer 1220–30 erbauten spätromanischen dreischiffigen Basilika mit lang gestrecktem Chor, Querhaus mit Seitenapsiden und dem erhaltenen Westbau. Um 1300 ersetzte man das romanische Langhaus durch eine dreischiffige frühgotische Hallenkirche, die ihrerseits um 1380 bis um 1470 durch die heutige spätgotische Hallen-Backsteinkirche mit hochmodernem Hallenumgangschor und Kapellenkranz ersetzt wurde. Die prominent im Südwesten neben der Doppelturmfassade stehende Liebfrauenkapelle mit Treppengiebel konnte 1452 geweiht werden. Ende des 15. Jahrhunderts entstand die zweigeschossige Chor-Nordkapelle für Sakristei und Bibliothek. Auf den drei romanischen Turmuntergeschossen stand ursprünglich ein asymmetrischer Turmaufbau mit gotischem Südturm. Er wurde 1876–78 nach Plänen von Hermann Blankenstein durch den symmetrischen neugotischen Backsteinaufsatz mit zwei Turmspitzen ersetzt. Im Zweiten Weltkrieg stark beschädigt, wurde die Nikolaikirche 1982–87 mit rekonstruierter spätgotischer Farbgestaltung und vereinfachten Turmhelmen wiederaufgebaut.

Im Innern sind die Gruftkapelle des Finanzministers Johann Andreas Kraut von Johann Georg Glume (1725) und die „Todespforte" von Andreas Schlüter (1701) hervorzuheben.

20 Ephraim-Palais

Ephraim-Palais im Nikolaiviertel Ecke Mühlendamm/Poststraße 16.

Das 1762–66 nach Entwurf Friedrich Wilhelm Diterichs' (1702–82) für den Hofjuwelier und Münzpächter Friedrichs des Großen, Nathan Veitel Ephraim, erbaute Palais, das als schönstes der Rokokozeit gilt, war 1935/36 aufgrund einer Straßenerweiterung abgebrochen worden und wurde 1985–87 mit originalen Fassadenteilen neu aufgebaut. Die den Balkon tragenden Säulen und die Gitter sollen ein Geschenk Friedrichs II. aus seiner Kriegsbeute von 1757 vom Schloss Pförten sein. Heute ist das Gebäude Teil des Stadtmuseums Berlin. Im Innern ist u. a. die Kopie einer Stuckdecke von 1704 nach Entwürfen Andreas Schlüters aus dem 1889 abgebrochenen Wartenbergschen Palais zu sehen.

Märkisches Ufer 21

Das Märkische Ufer entstand als Stadtrandsiedlung „Neu Kölln am Wasser" seit 1680. Die sich malerisch im Wasser spiegelnden Häuser bieten ein grachtenartiges Ensemble, wie es in Berlin bis 1945 häufig anzutreffen war. Die Häuser stammen aus dem 18. und 19. Jahrhundert – z. B. Nr. 16 um 1790, Nr. 18 um 1730 (beide Museum „Otto-Nagel-Haus") – und wurden teilweise hierher übertragen bzw. rekonstruierend aufgebaut, wie das Ermeler-Haus (Nr. 10; früher: Breite Straße 11) von 1760–63 bzw. 1804 (Fassade).

22 Märkisches Museum

Das Märkische Museum (Stadtmuseum Berlin), 1901–07 von Ludwig Hoffmann erbaut, setzt sich aus reizvoll gruppierten Gebäuden in Anlehnung an einheimische Bauformen der Backsteingotik und der Renaissance der Mark Brandenburg zusammen: Der Turm ähnelt z. B. der Bischofsburg in Wittstock, der Giebel und die Kapelle erinnern an die Katharinenkirche in Brandenburg. Neben der Treppenhalle steht eine Kopie des Brandenburger Rolands von 1474.

Das Museum liefert neben der eindrucksvollen Innenarchitektur Einblicke in die Geschichte und Kunst Berlins, vermittelt vor allem durch historische Stadtansichten und Modelle. Darüber hinaus zeigt das Museum eine wertvolle Sammlung mittelalterlicher Skupturen und Gemälde berühmter, in Berlin tätiger Maler des frühen 20. Jahrhunderts, darunter Werke von Liebermann, Corinth, Pechstein, Munch und Beckmann.

Das Märkische Museum ist von einer zwei Hektar großen Grünanlage umgeben. Darin befindet sich seit 1939 ein Bärenzwinger. Der Bär ist das Symbol und Wappentier Berlins. Heute leben in dem für Besucher einsehbaren Bärenzwinger die Stadtbärin Schnute und ihre Tochter Maxi.

23 Schlossplatz

Das Stadtschloss wurde nach Kriegsschäden 1950/51 gesprengt. Das monumentale Gebäude war bis 1918 die Residenz der hohenzollerischen Kurfürsten, Könige und Kaiser. Ihren Ursprung hat die Anlage in der von 1443 bis 1451 errichteten Burg, die unter Joachim II. ab 1538 zu einem prächtigen Renaissanceschloss und von 1698 bis 1716 unter Leitung von Andreas Schlüter und Johann Friedrich Eosander von Göthe ihre einheitliche Form im Stil des Barock erhielt. Das Stadtschloss besaß eine Ausdehnung von fast 200 m Länge, 117 m Breite und war 30 m hoch. Den Westflügel krönte eine Kuppel von beinahe 70 m Höhe.

oben links: Neuer Marstall (Schlossplatz 7, ursprünglich gegenüber dem Stadtschloss gelegen), 1896–1901, von Ernst von Ihne im Stil des Stadtschlosses neubarock erbaut zur Unterbringung von Kutschen und 300 kaiserlichen Pferden
oben rechts: Ehemaliges Staatsratsgebäude der DDR (Schlossplatz 1), 1962–64, von Roland Korn und Hans-Erich Bogatzky. Der Eingangsbereich ist eine Kopie des Stadtschloss-Nordflügelportals von J. F. Eosander von Göthe (um 1710, Bauplastik von Permoser). Am 9.11.1918 rief Karl Liebknecht von jenem Balkon des Stadtschlosses eine „Freie sozialistische Republik" aus.

Im Jahr 2007 beschlossen der Bundestag und das Land Berlin den Wiederaufbau des Stadtschlosses, das bis 2019 in wesentlichen Teilen rekonstruiert sein soll. Der Neubau in der Kubatur des alten Stadtschlosses soll den Titel Humboldt-Forum tragen und als Bibliothek und Museum für die Sammlungen der Stiftung Preußischer Kulturbesitz genutzt werden (vgl. das Buch von Hartmut Ellrich zur Geschichte des Schlosses).

Zeughaus 24

Das Zeughaus, heute Deutsches Historisches Museum, wurde 1695 wohl nach Plänen des Pariser Akademiedirektors Nicolas François Blondel von Johann Arnold Nering begonnen und bis 1706 von Martin Grünberg, Andreas Schlüter und Jean de Bodt fertiggestellt. 1730–1875 war es Waffenarsenal und Kriegsmagazin, danach Armeemuseum, 1952–90 Museum für deutsche Geschichte der DDR.
Der Erweiterungsbau (1999–2004) des berühmten chinesisch-amerikanischen Architekten Ieoh Ming Pei steht nördlich des barocken Zeughauses und wird durch einen unterirdischen Gang mit diesem verbunden. Die Architektur spielt mit den Kontrasten offen/geschlossen und transparent/undurchsichtig.

25 Unter den Linden

Der Prachtboulevard mit Ausrichtung auf das Brandenburger Tor ist das Pendant zur Pariser Avenue des Champs-Élysées mit dem Arc de Triomphe. Der 1573 angelegte Reitweg, der vom Schloss zum königlichen Jagdrevier im Tiergarten führte, wurde 1647 als 1,2 km lange und 60 m breite, mit Linden bepflanzte Straße vergrößert. Ihre repräsentative Gestalt erhielt sie erst im Zuge der barocken Stadterweiterung im 18. Jahrhundert unter Friedrich I. und Friedrich dem Großen, der das Forum Fridericianum, nach Planungen von Knobelsdorff, zum kulturellen Mittelpunkt bestimmte. Im östlichen Teil vom Adelspalais flankiert, entstanden in Richtung Brandenburger Tor bürgerliche Wohn- und Geschäftshäuser. Seit der Gründung des Kaiserreiches 1871 wandelten sich die „Linden" zur Luxusstraße mit Cafés, großen Bankhäusern und Hotelbauten. Nach der Zerstörung im Zweiten Weltkrieg wurden bedeutende historische Bauten rekonstruiert und große Verwaltungsgebäude errichtet. Seit 1989 bemüht man sich um eine Wiederbelebung als Flanierboulevard.

rechts: Die Neue Wache wurde 1816–18 nach Plänen Schinkels mit Bauplastik von Gottfried Schadow und August Kiß (Giebel mit Allegorien auf Kampf und Sieg, Flucht und Niederlage von 1842–46) erbaut. 1931 zum Gefallenendenkmal und 1960 zum Mahnmal für die Opfer des Faschismus und Militarismus erklärt, ist die Neue Wache seit 1993 die Zentrale Gedenkstätte der Bundesrepublik Deutschland. Im Innenraum steht die vergrößerte Kopie einer „Pieta" von Käthe Kollwitz.

unten: 1961 als Kriegsruine abgerissen und 1968/69 rekonstruiert, zeigt das Palais Unter den Linden (im Foto das linke Gebäude) den Zustand mit Attikageschoss, Mittelrisalit und Portikus, den es 1857/58 durch Johann Heinrich Strack erhielt. Das Palais war 1663 von J. A. Nering errichtet, 1732 von P. Gerlach zum Kronprinzenpalais umgebaut und 1810 als Stadtpalais des Königs mit dem Prinzessinnenpalais verbunden worden.
Neben dem Palais steht das Operncafé (im Foto rechts) auf dem Gelände der seit 1690 geschleiften Festungswälle. 1733 nach Entwürfen von Friedrich Wilhelm Diterichs unter Verwendung zweier Wohnhäuser erbaut, wurde der Barockbau 1810/11 nach Entwurf von Johann Heinrich Gentz durch einen Kopfbau ergänzt und nach Kriegszerstörung 1962/63 rekonstruiert.

rechts: Das Gebäude der Kommandantur (Unter den Linden 1) geht auf das Wohnhaus des kurfürstlichen Architekten J. G. Memhardt zurück, der sich das Gebäude 1653/54 als ersten Bau entlang der neu angelegten Allee Unter den Linden erbaute. Seit 1799 Sitz des Stadtkommandanten Berlins und 1802 klassizistisch erneuert, erhielt das Gebäude seine heutige Außenerscheinung 1873/74, als man den Bau um ein Geschoss erhöhte und durch seine Rustikafassadengliederung bereicherte. Im Zweiten Weltkrieg ausgebrannt und wenig später abgebrochen, wurde das Gebäude 2001–03 als Firmenrepräsentanz rekonstruiert. Den Innenausbau und die moderne rückwärtige Glasfront entwarf das Kölner Büro Van den Valentyn – Architektur.

unten: Unter den Linden, Blick vom Berliner Dom zur Kommandantur, zum Kronprinzenpalais, Prinzessinnenpalais, Opernhaus und Zeughaus

Die Humboldt-Universität (1748–53) von Johann Boumann d. Ä. war ursprünglich das Stadtpalais Prinz Heinrichs, des Bruders Friedrichs des Großen. Auf Betreiben Wilhelm von Humboldts, dessen Denkmal vor dem Eingang steht, wurde 1810 das Gebäude für die 1809 gegründete Universität freigegeben und 1913–20 unter Ludwig Hoffmann erweitert.
rechts: Unter den Linden, Reiterdenkmal König Friedrichs II. von Preußen, 1836–51 von Christian Daniel Rauch

links: Das Maxim-Gorki-Theater (Am Festungsgraben) wurde 1824–27 von Karl Theodor Ottmer unter Verwendung von Entwürfen Schinkels von 1821 für die 1792 von Karl Friedrich Fasch gegründete Singakademie auf Anregung des damaligen Leiters und Goethe-Freundes Karl Friedrich Zelter erbaut

unten: Altes Palais, 1834–37 von Carl Ferdinand Langhans d. J. als Kronprinzenpalais im klassizistischen Stil errichtet

26 Bebelplatz

An der Prachtstraße „Unter den Linden" liegt das Forum Fridericianum, dessen Planung mit dem Regierungsantritt Friedrichs II. 1740 begann. Es umfasst den heutigen Bebelplatz mit seinen Gebäuden und die heutige Humboldt-Universität, die als ehemaliges Stadtpalais des Prinzen Heinrich 1748–53 als nördlicher Abschluss errichtet worden war. Die östliche Begrenzung bildet die Deutsche Staatsoper (1741–43) des Architekten Georg Wenzeslaus von Knobelsdorff. Es handelt sich um den ersten selbständigen Theaterbau Deutschlands, d. h. erstmals war eine räumliche und funktionale Trennung von Schloss und Hofoper als allseitig frei stehendes Gebäude mit drei Haupträumen (Apollosaal, Zuschauerraum mit drei Logenrängen und Bühnenraum) vorgenommen worden. Im Theater wurden unter anderem 1821 Webers „Freischütz" und 1925 Bergs „Wozzeck" uraufgeführt.

Die katholische Bischofskirche des Bistums Berlin, St. Hedwig, im Südosten des Forum Fridericianum wurde nach Skizzen Friedrichs des Großen 1747–73 von Johann Boumann d. Ä. als kreisförmiger Zentralbau nach dem Vorbild des römischen Pantheons mit hoher Kuppel, angefügter Rundkapelle und Säulenportikus mit Giebel errichtet. Die Reliefs über den Rundbogenportalen schuf 1837 Theodor Wilhelm Achtermann. Sie zeigen die Verkündigung, Christus am Ölberg, die Kreuzabnahme und Auferstehung sowie Christi Himmelfahrt. Den Fries ziert die mit Putten geschmückte Weiheinschrift. Im Giebelfeld erscheint die Anbetung der Könige, von Achtermann entworfen, jedoch erst 1897 in neobarocken Formen von Nicolaus Geiger vollendet. Nach Kriegszerstörungen wurde 1952–63 der Innenraum von Hans Schwippert neu gestaltet. Die 1943 zerstörte

Die Alte Bibliothek (1775–80) von Georg Friedrich Unger und Georg Friedrich Boumann d. J. ist eine verkleinerte Nachahmung des Michaelertrakts der Wiener Hofburg, die 1723–30 von Fischer von Erlach begonnen, aber – später als die Berliner Nachbildung – erst 1889–93 vollendet wurde

Kuppel, die 1886–87 von Max Hasak eine Kupfereindeckung mit neobarocker Laterne und Aufsätzen erhalten hatte, wurde als Betonschalenkonstruktion in Anlehnung an die ursprüngliche, am Pantheon orientierte Form wiederhergestellt.

Der Bebelplatz wird im Westen von der Alten Bibliothek von 1775–80 begrenzt, an die sich das klassizistische Alte Palais, 1834–37 von Carl Ferdinand Langhans, anschließt.

oben: Deutsche Staatsoper
Mitte: Denkmal (von Micha Ullman, 1995) zur Bücherverbrennung am 10. Mai 1933, als Studenten des Nationalsozialistischen Studentenbundes und einige Professoren über 20 000 Bücher vor allem jüdischer, kommunistischer und liberaler Autoren aus der am Platz liegenden Alten Bibliothek verbrannten.
unten: St.-Hedwigs-Kathedrale

27 Gendarmenmarkt

Der Gendarmenmarkt war der einstige Hauptmarkt der unter dem Kurfürsten Friedrich III. 1688 angelegten und ab 1695 unter der Leitung von Johann Arnold Nering erbauten Friedrichstadt. Die Bauten des Platzes aus der Zeit des Barock und Klassizismus bilden noch heute ein gelungenes, großartiges Architekturensemble. Die Bebauung des Gendarmenmarktes begann mit der Errichtung des Französischen und des Deutschen Doms im nördlichen bzw. südlichen Teil des Platzes. Der von Louis Gayard entworfene Französische Dom (1701–05) wurde für die Hugenottengemeinde als querovaler Saalraum nach dem Vorbild der 1624 erbauten und 1688 zerstörten Hugenottenhauptkirche in Charenton errichtet. Den mächtigen Kuppelturm, in dem sich heute das Hugenottenmuseum befindet, fügte man nach Entwürfen Carl von Gontards 1780–85 an. Den Kircheninnenraum gestaltete Otto March 1905 neobarock um.

Der Deutsche Dom entstand 1701–08 nach Plänen von Martin Grünberg als fünfseitiger Zentralbau mit fünf inneren Konchen als Weiterentwicklung des Grundrisstyps der Berliner Parochialkirche. Die Kirche erhielt gleichfalls ab 1780 von Carl von Gontard ihren markanten Kuppelturm. Den ursprünglichen Kirchenbau ersetzten 1881/82 Hermann von der Hude und Julius Hennicke durch einen Neubau auf identischem Grundriss.

Im Zentrum des Platzes steht das Schauspielhaus (1818–21) von Karl Friedrich Schinkel, ein Hauptwerk des Klassizismus. Mauerreste und die sechs Portikussäulen stammen vom abgebrannten Vorgängerbau (1802) des Architekten Carl Gotthard Langhans. Die einst verputzte Fassade wurde 1883/84 mit Sandstein verkleidet. Vor dem Schauspielhaus steht das sechs Meter hohe Schiller-Denkmal aus Marmor, ein Frühwerk des Bildhauers Reinhold Begas von 1864–69.

oben: Gendarmenmarkt, Schauspielhaus, 1818–21 von Karl Friedrich Schinkel, und Schillerdenkmal, 1864–69 von Reinhold Begas
unten: Gendarmenmarkt, Französischer Dom, 1701–05 von Louis Cayard und Abraham Quesnays (Kirchenbau), 1780–85 von Carl von Gontard (Kuppelbau)

Galeries Lafayette 28

Zu den exzeptionellsten Bauten der Friedrichstraße gehört das Gebäude des französischen Kaufhauses „Galeries Lafayette" (Friedrichstraße 75) mit seiner vollverglasten Fassade, die in der nordwestlichen Gebäudeecke abgerundet ist (Architekt: Jean Nouvel, 1993–96). Bei schönem Wetter spiegelt die Fassade die Umgebung, bei Dunkelheit sieht man die hell erleuchteten Innenräume.

Wie das Äußere besticht auch das Innere durch seine Glasarchitektur. Zwei gegenständige Glaskegel durchstoßen die Verkaufsetagen, treffen sich im Erdgeschoss, wo der Besucher über eine Balustrade bis in ihre Spitzen schaut. Im Glas spiegeln sich unzählige Lampen und erzeugen ein bizarres Lichtspiel.

Der 1945 in Südfrankreich geborene Jean Nouvel arbeitet gerne mit den Elementen Glas und Licht, dem Transparenten und dem Immateriellen. Berühmt wurde er durch das Institut du Monde arabe (1987) gegenüber von Notre Dame in Paris.

29 Museum für Kommunikation

Das Museum für Kommunikation, das 1872 als erstes Postmuseum der Welt gegründet wurde, ist in einem repräsentativen Neorenaissancebau von 1893–97 in der Leipziger Straße/Ecke Mauerstraße untergebracht. Eindrucksvoll ist nicht nur die Fassade, sondern auch der große Innenhof.

Das Museum widmet sich der Herkunft, Entwicklung und Zukunft der Informationsgesellschaft, veranschaulicht anhand originaler historischer Exponate (wie z. B. Kutschen, Postwagen und kartografische Objekte) und neuer Medien, zu denen auch Lichtinstallationen und Klangcollagen gehören. Das berühmteste Ausstellungsstück ist die legendäre Blaue Mauritius, die teuerste Briefmarke der Welt. Seine Bekanntheit verdankt das Museum insbesondere der Darstellung der Geschichte des Postwesens, verdeutlicht mit Briefkästen, Briefmarkenautomaten, Posthausschildern, Uniformen usw.

Checkpoint Charlie 30

Der weltbekannte ehemalige Kontrollpunkt für Alliierte und Ausländer während der Mauerbauzeit ist Symbol des Kalten Krieges. Hier standen sich auf dem Höhepunkt der Konfrontation im Oktober 1961 sowjetische und amerikanische Soldaten gegenüber und entgingen nur knapp einem dritten Weltkrieg. An dieses dramatische Ereignis erinnern heute die Porträts eines amerikanischen und eines sowjetischen Soldaten von Frank Thiel von 1998.

Das Haus am Checkpoint Charlie, 1985/86 von Peter Eisenman und Jaquelin Robertson erbaut, zeigt Erinnerungsstücke der Berliner Mauer. Das Museum im Erdgeschoss dokumentiert die Geschichte der geteilten Stadt von 1961 bis 1989.

31 Topographie des Terrors

Vor dem Martin-Gropius-Bau liegt das Gelände der „Topographie des Terrors“, auf dem sich von 1933 bis 1945 die nationalsozialistische Kommandozentrale befand. Im Ausstellungspavillon wird die Geschichte des Ortes dokumentiert. Seitlich stehen Reste der 1961 errichteten Berliner Mauer, die seit dem Mauerfall am 9.11.1989 fast vollständig abgetragen wurde. Zur Erinnerung an die ehemalige Teilung der Stadt (1961–89) wurde der Verlauf der Mauer an einigen Stellen mit einem roten Asphaltstrich markiert.

Martin-Gropius-Bau 32

Der Martin-Gropius-Bau, 1877–81, benannt nach seinem Architekten, wurde als Kunstgewerbe-Museum erbaut und ist heute Ort für Wechselausstellungen. Architektonisch knüpft der gut proportionierte Bau im Stil der italienischen Renaissance an Schinkels Bauakademie von 1836 an.

33 Potsdamer Platz

Der Potsdamer Platz gilt als Symbol für den Wiederaufbau der Berliner Innenstadt und das Zusammenwachsen von Ost- und West-Berlin nach 1989. Als Ergebnis des Wettbewerbs von 1991 entschied man sich für eine dichte, mittelhohe Bebauung als Typus einer europäischen Großstadt im Gegensatz zu einer amerikanischen „Hochhausstadt". Lediglich unmittelbar am Potsdamer Platz stehen zwei etwa 90 m hohe Häuser als städtebaulicher Akzent. Auf dem südlichen Areal von DaimlerChrysler entstanden im Zeitraum zwischen 1993 und 1999 Einzelgebäude in moderntraditioneller Bauweise mit Steinverkleidungsmaterialien nach Entwürfen verschiedener Architekten. In den Proportionen und Materialien gehen die Bauten auf die gestalterisch ebenfalls hochwertigen Gebäude des Kulturforums ein. Das nördliche Sony-Areal geht dagegen auf ein einheitliches Gesamtkonzept von nur einem Architekten, dem Deutsch-Amerikaner Helmut Jahn, zurück und steht als moderne Stahl-Glas-Architektur, die zwischen 1996 und 2000 erbaut wurde, im Kontrast zur umliegenden Bebauung.

Das 88 m hohe, mit rotem Klinker verkleidete Hochhaus (1994–99) von Hans Kollhoff & Timmermann steht an der nördlichen Spitze des DaimlerChrysler-Areals am Potsdamer Platz und bildet zusammen mit dem 103 m hohen gläsernen Sony-Turm von Helmut Jahn und dem ockerfarbenen und teilverglasten Büro-Hochhaus von Renzo Piano das markante Hochhausensemble des Potsdamer Platzes.

Das Sony Center gehört zu den eindrucksvollsten Neubauquartieren Berlins. Die großen verglasten Baukörper gruppieren sich um einen riesigen ovalen Platz, die Sony Plaza, mit Cafés, Restaurants, Geschäften und Kinos. Sein gläsernes Zeltdach ist eine Stahlseil- und Stabkonstruktion, die ohne einen Mast auskommt und gleichsam über dem Platz zu schweben scheint. Das Dach ist eine Ingenieursleistung ersten Ranges (Abb. links).

Reste des ehemaligen Luxushotels Esplanade von 1911 sind in den Neubau integriert. Dabei handelt es sich um die Innenräume „Frühstückssaal" und „Kaisersaal". Letzterer wurde 1996 in einer spektakulären Aktion hydraulisch um 75 m versetzt. Dabei mussten 1300 Tonnen Gewicht bewegt werden.

BAHNHOF PO

34 Gemäldegalerie

Die weltberühmte Sammlung der Gemäldegalerie ist in einem Neubau am Kulturforum untergebracht, der 1992–98 unter der Leitung der Architekten Hilmer & Sattler und Albrecht errichtet wurde.

Die Sammlung, die in 72 Sälen und Kabinetten präsentiert wird, umfasst Meisterwerke der europäischen Malerei vom 13. bis zum 18. Jahrhundert. Insgesamt werden in der Hauptgalerie etwa 1000 Meisterwerke und im Sockelgeschoss weitere 400 Bilder ausgestellt. Sammlungsschwerpunkte bilden die deutsche, italienische und niederländische Malerei. Vertreten sind z. B. van Eyck, Bosch, Bruegel, Cranach, Dürer, Holbein, Botticelli, Mantegna, Raffael, Tizian, Caravaggio, Rubens, Rembrandt (mit 16 Werken!), Hals und Vermeer sowie Canaletto, Watteau, Pesne und Gainsborough.

35 Neue Nationalgalerie

Die Neue Nationalgalerie am Kulturforum ist in dem gläsernen, 1968 eröffneten Museumsbau von Ludwig Mies van der Rohe untergebracht – einer Ikone der Klassischen Moderne. Schwerpunkt der Sammlung, von der nur Teile ausgestellt sind, bildet die europäische und nordamerikanische Malerei und Skulptur des 20. Jahrhunderts mit Werken von Picasso, Kirchner, Beckmann, Dix, Klee, Bacon, Nay, Stella und Richter.

Technikmuseum 36

Deutsches Technikmuseum Berlin (Trebbiner Straße 10–15; Tempelhofer Ufer): Wie eine effektvolle Theaterkulisse mit einem dem Betrachter entgegenkommenden Flugzeug, einem „Rosinenbomber" der Berliner Blockade von 1948/49, wird die gläserne Eingangsfront zum Tempelhofer Ufer inszeniert. Neben dem Deutschen Museum in München ist das Deutsche Technikmuseum, in das auch ein Archiv und eine Bibliothek integriert sind, das größte und bedeutendste seiner Art in Deutschland. Der Neubau, der mit dem Altbau und den in das Museum integrierten Bauten des Anhalter Güterbahnhofs ein Ensemble bildet, gilt als eines der großen Museumsprojekte der Stadt.

Schwerpunkte der Sammlung bilden die Themen Luft- und Schifffahrt, Schienenverkehr, Textil-, Schreib- und Drucktechnik, Brauereiwesen und die Geschichte der Foto- und Filmtechnik.

37 Jüdisches Museum

Das Jüdische Museum (Lindenstraße 14 in Berlin-Kreuzberg) besteht aus einem Altbau (ehem. Kollegienhaus, später Kammergericht, 1733–35 von Philipp Gerlach als anspruchsvolles Stadtpalais erbaut) und dem berühmten Neubau von Daniel Libeskind, 1992–99. Das 1945 massiv zerstörte Barockgebäude ist eine zweigeschossige Dreiflügelanlage mit Mansarddach und Dreiecksgiebel mit den Allegorien Justitia und Prudentia (wahrscheinlich aus der Werkstatt Johann Georg Glumes). Es ist der einzige erhaltene Barockpalast der Friedrichstadt.

Der neue Museumsbau ist eine große begehbare Plastik, eine symbolbeladene, zeichenhafte Architektur. Er hat die Form eines Blitzes bzw. eines gebrochenen, langgezogenen Davidsterns, dessen irrationaler Charakter durch die silbern glänzende Zinkverkleidung verstärkt wird. Innerhalb des Gebäudes nehmen drei Achsen Bezug auf die Geschichte des Judentums in Berlin. Sie werden als drei „Schicksalswege" interpretiert: Ein Weg führt in die Sackgasse des „Holocaust-Turmes", der zweite in den „E. T. A. Hoffmann-Garten", der die Flucht ins Exil markiert, der dritte Weg (des Lebens, der deutsch-jüdischen Symbiose) führt über eine Prachttreppe in die Ausstellungsgeschosse.

38 Siegessäule

Die Siegessäule im „Großen Stern" gab Wilhelm I. als Symbol des siegreichen Preußens nach dem Feldzug gegen Dänemark 1864 an Johann Heinrich Strack in Auftrag. Da erst 1873 fertiggestellt, wurde die Säule zum Symbol für die Siege gegen Österreich 1866 und Frankreich 1870/71.

Schloss Bellevue 39

1785–90 entstand für Prinz August Ferdinand von Preußen, den jüngsten Bruder Friedrichs des Großen, von Michael Philipp Daniel Boumann das dreiflügelige Schloss Bellevue als Sommersitz an der Spree. Dieses erste klassizistische Schloss in Preußen hatte das 1769–73 von Friedrich Wilhelm v. Erdmannsdorff nach englischen Vorbildern erbaute Schloss Wörlitz als Vorbild. Auch die Gartenanlage des Hofgärtners Weil folgte dem damals modernen englischen Garten. Wahrscheinlich war an der Planung Johann August Eyserbeck (1762–1801) beteiligt, der Schöpfer des Dessau-Wörlitzer Gartenreichs, des ersten Landschaftsgartens auf dem europäischen Kontinent. In Schloss Bellevue residiert heute der deutsche Bundespräsident.

Zu den bemerkenswertesten Berliner Neubauten gehört das für 150 Arbeitsplätze geschaffene Verwaltungsgebäude des Bundespräsidenten in unmittelbarer Nachbarschaft von Schloss Bellevue. Der viergeschossige Bau auf elliptischem Grundriss fügt sich harmonisch in die Landschaft des Tiergartens ein (Gruber + Kleine-Kraneburg Architekten, 1996–98, Abb. unten).

40 Kaiser-Wilhelm-Gedächtnis-Kirch

Die Kaiser-Wilhelm-Gedächtnis-Kirche bildet den städtebaulichen Mittelpunkt des Zentrums City-West am Breitscheidplatz, von dem sternförmig die großen Geschäftsstraßen abgehen: der Kurfürstendamm, die Tauentzien- und Kantstraße sowie die Budapester Straße. Die herausragende städtebauliche Lage veranschaulicht die Bedeutung als zweites großes Prestigeprojekt im wilhelminischen Kirchenbau neben dem Berliner Dom. 1891–95 von Franz Heinrich Schwechten erbaut, war der Sakralbau mit ehemals 113 m hohem Turm und reichen Goldmosaiken als Symbol kaiserlicher Macht mit dem Andenken an den ersten Kaiser des Deutschen Reichs, Wilhelm I., vereint. Die Verwendung spätromanischer Bauformen des Rheinlands sollte eine Verbindung zum staufischen Kaiserreich des Mittelalters herstellen. Im Zweiten Weltkrieg beschädigt, entschied man sich für den Abriss der Kirche. Nur der Turm blieb als Ruine erhalten. Seine Reste stehen heute als Mahnmal des Krieges und dienen als malerische Staffage für den Kirchenneubau Egon Eiermanns, der 1957–63 einen weiteren, 53 m hohen Turm und eine achteckige Kapelle danebenstellte.

41 Schloss Charlottenburg

Das Schloss Charlottenburg ist nach der Zerstörung des Stadtschlosses neben dem Zeughaus das bedeutendste barocke Bauwerk Berlins. Dabei handelt es sich nicht nur um eine herausragende Architektur. Zur Anlage gehören auch eine Parkanlage und prunkvolle Innenräume. Der erste Bauabschnitt wurde 1695 von Arnold Neringer als elfachsiges Sommerschloss für Kurfürstin Sophie Charlotte in damals ländlicher und bewaldeter Landschaft begonnen und 1699 unter Martin Grünberg vollendet. Die erste Erweiterung zu einer Dreiflügelanlage erfolgte bereits nach der Königskrönung 1701 nach Plänen von Johann Friedrich Eosander. Dieser fügte bis 1711 auch die 48 m hoch aufragende Kuppel, auf die Straßenzüge und Sichtachsen Bezug nehmen, und bis 1713 die 143 m lange Orangerie hinzu. Georg Wenzeslaus von Knobelsdorff lieferte die Pläne für den Neuen Flügel von 1740–46 als östliches Pendant zur Orangerie. Als Verlängerung der Orangerie folgte 1787–91 der Bau des Theaters durch Carl Gotthard Langhans.

unten und rechts: Ehrenhof des Schlosses Charlottenburg nach Plänen Eosanders 1701–13 unter Verwendung des Ursprungsbaus eines östlich gelegenen Nebengebäudes. Im Ehrenhof steht das Reiterdenkmal des Großen Kurfürsten von Andreas Schlüter, ein Meisterwerk der Barockplastik. 1696/97 modelliert, wurde es 1700 gegossen und 1703 beim Stadtschloss auf der Langen Brücke, der heutigen Rathausbrücke in Berlin-Mitte, aufgestellt. Der Sockel ist eine Kopie; das Original befindet sich heute im Bode-Museum.

1 Mittelbau
2 Eosander-Flügel
3 Knobelsdorff-Flügel
4 Theater
5 Kleine Orangerie
6 Schinkel-Pavillon
7 Mausoleum
8 Belvedere
9 Sammlung Berggruen
10 Bröhan-Museum
11 Museum Scharf-Gerstenberg

Zum Schloss Charlottenburg gehört eine große Parkanlage. Den ältesten Teil des Schlosses bildet der elfachsige Mittelbau, der 1701–13 um den 48 m hohen Kuppelturm, die Dreiflügelanlage mit Ehrenhof und die 143 m lange Orangerie (rechte Gartenfront) erweitert wurde.

Im nördlichen Teil des Schlossparks von Charlottenburg, der als englischer Landschaftsgarten ausgeführt ist, steht das Belvedere (1789/90, Abb. links), das ehemalige Teehaus mit Aussichtsplattform, ursprünglich auf einer Insel gelegen, von Carl Gotthard Langhans, Architekt des Brandenburger Tors, erbaut. Interessant ist der Grundriss: ein Oval, an das vier Rechtecke angefügt sind. Der sparsame Fassadenschmuck steht für den Übergang vom Barock zum Klassizismus.

Neben der barocken Schlossanlage steht im Südosten der Schinkel-Pavillon („Neuer Pavillon", Abb. links unten). Er wurde 1824/25 nach Plänen Karl Friedrich Schinkels als „italienische Villa" (Sommerhaus) für König Friedrich Wilhelm III. ausgeführt.

Museum Berggruen • Sammlung Scharf-Gerstenberg

Bröhan-Museum

Gegenüber dem Schloss Charlottenburg stehen die ehemaligen Gardekasernen des Regiments „Garde du Corps“. 1852–59 nach Plänen von August Stüler erbaut, rahmen die identischen Häuser die Schlossstraße. Sie beherbergen heute unter anderem die Kunstsammlung Berggruen und die Sammlung Scharf-Gerstenberg.

Das **Museum Berggruen** (Schlossstraße 1) präsentiert eine der berühmtesten Privatsammlungen der Welt mit Gemälden, Zeichnungen und Skulpturen der klassischen Moderne. Schwerpunkte bilden Werke von Picasso und Klee, ergänzt durch Arbeiten von Cézanne, van Gogh, Braque und Giacometti.

Die Sammlung **Scharf-Gerstenberg** (Schlossstraße 70) zeigt bedeutende Gemälde, Grafiken und Skulpturen der „Surrealen Welten“ von Piranesi und Goya bis zu Dalí, Magritte und Max Ernst.

Im **Bröhan-Museum** (Schlossstraße 1a) sind Möbel, Glas-, Silber- und Keramikarbeiten, Grafiken und Gemälde des Jugendstil und Art Deco ausgestellt.

42 Museen Dahlem

In den Museen Dahlem (Lansstraße 8 in Berlin-Dahlem) sind das **Museum für Asiatische Kunst**, das **Ethnologische Museum** und das **Museum Europäischer Kulturen** untergebracht. Es handelt sich nach Umfang und Qualität um das weltweit bedeutendste Sammlungsensemble seiner Art. Über 500 000 Objekte aus allen Erdteilen vermitteln einen Überblick über die materiellen Kulturzeugnisse der vorindustriellen Gesellschaften. Herausragend vertreten sind ar-

chäologische Zeugnisse Amerikas, die Kunst der Indianer Nordamerikas, der Bewohner der Südsee (mit großen Schiffen und Häusern), Ostasiens (mit bedeutenden Bronze- und Jadearbeiten sowie Keramiken und Porzellanen) und Afrikas.

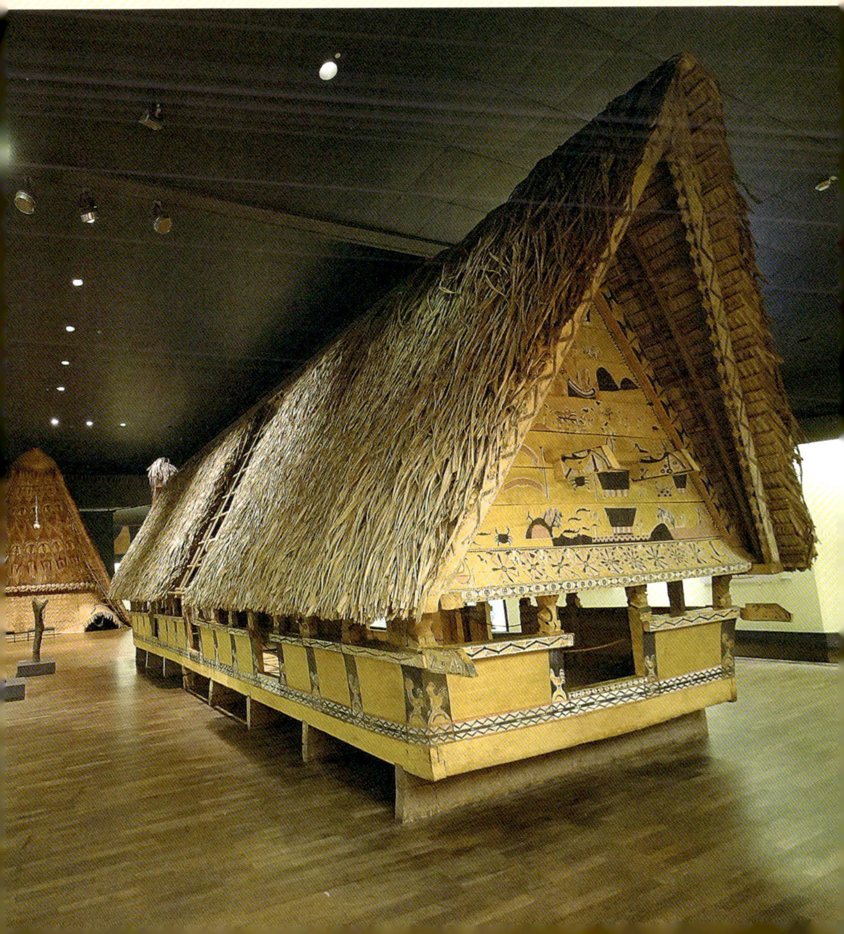

43 Schloss Köpenick

Großartig auf einer Halbinsel gelegen, gilt Schloss Köpenick, das 1677–81 nach Plänen des niederländischen Architekten Rutger van Langevelt errichtet wurde, als der bedeutendste Profanbau des 17. Jahrhunderts in Berlin und Umgebung. 29 der 35 Räume des Schlosses besitzen reiche Stuckdecken. Sie entstanden zwischen 1683 und 1690 als Werk Tessiner und Graubündner Stuckateure, von denen nur der aus Bissone am Luganer See stammende Carove namentlich bekannt ist. Die Stuckaturen, die nicht gefasst oder vergoldet, sondern im Ton des Kalkstucks belassen wurden, sind frei an der Decke angetragen, nur Gesichter, Früchte und Blüten sind teilweise gegossen.

Im Schloss ist ein Teil des Berliner Kunstgewerbemuseums untergebracht. Gezeigt werden wertvolle Schränke, Porzellane, Zimmergetäfel und das berühmte Silberbuffet aus dem Berliner Schloss.

Die ehemalige Schlosskapelle wurde 1682–85 von Johann Arnold Nering erbaut.

44 Liebermann-Villa

Mit 62 Jahren legte der berühmte Maler Max Liebermann (1847–1935) für sich und seine Familie einen Sommersitz im damals vornehmsten Villenviertel Berlins am Wannsee an (Colomierstraße 3). Als Architekten wählte er den Messel-Schüler Paul Otto Baumgarten (1873–1946). Das Wohnhaus und der Garten Liebermanns können

heute besichtigt werden. Die Villa am Wannsee ist im Besitz von 154 Liebermann-Werken. Ein Teil davon wird in einer Dauerausstellung gezeigt. Diese Werke werden im Sommerhalbjahr durch eine Sonderausstellung mit wechselnden Themen und Bildern im Obergeschoss des Hauses ergänzt.

Blockhaus Nikolskoe 45

Einen herrlichen Blick auf die Havellandschaft hat man von dem Aussichtsplateau, das der Landschaftsarchitekt Lenné Anfang des 19. Jahrhunderts anlegte. Hier steht am östlichen Ufer der Havel an der Stadtgrenze zwischen Berlin und Potsdam das Blockhaus Nikolskoe, das Friedrich Wilhelm II. für seine Tochter Charlotte und ihren Gatten, den späteren Zaren Nikolaus I., 1819 im Stil russischer Holzhäuser erbauen ließ. Das Gebäude wurde 1984 Ziel einer Brandstiftung. Es ist originalgetreu wiederaufgebaut worden und wird als reizvoller gastronomischer Betrieb genutzt. Unmittelbar nördlich steht die Kirche St. Peter und Paul (Abb. rechts), die August Stüler und Albert Dietrich Schadow 1834–37 im klassizistisch-russischen Stil als Ziegelbau errichteten.

Am Fußweg von Nikolskoe zum Schloss Klein-Glienecke steht das Forsthaus „Moorlake“ (heute Gaststätte) von Persius (um 1840).

46 Pfaueninsel

Erst gegen Ende des 18. Jahrhunderts erwarb Friedrich Wilhelm II. die 1,5 km lange und 500 m breite Pfaueninsel am südwestlichsten Rand Berlins. Sie diente der Erweiterung des Neuen Gartens in Potsdam und als romantisch-paradiesisches Refugium. Daher entstand eine Ansammlung von Gebäuden innerhalb eines Landschaftsparks, in dem der Adel Zuflucht vor der Konvention der Etikette in Form von „Landleben" und Ungezwungenheit in einer Scheinwelt als Theaterkulisse fand. So entstand 1794–97 ein ungewöhnliches, malerisches Lustschloss als künstliche Ruine, die der Hofzimmermeister Johann Gottlieb Brendel aus Holz erbaute. Die repräsentative Ausstattung wurde maßgeblich durch Gräfin Lichtenau, die ehemalige Mätresse des Königs, geprägt. Daher gibt es neben dem Festsaal, der als Konzertzimmer diente, ein „Otaheitisches Kabinett" mit illusionistischer Wand- und Deckenmalerei, die eine Bambushütte nachahmt. In der Meierei, als gotische Klosterruine zeitgleich am anderen Ende der Insel erbaut, wurden Kühe gehalten, um ein einfaches, ursprüngliches Leben in unberührter Natur nachzuleben. Das Kavalierhaus in der Inselmitte erhielt 1824–26 von Schinkel eine spätgotische Fassade, die mit einem ursprünglich aus Danzig stammenden Haus (Original wieder in Danzig) kombiniert ist.

47 Klein Glienicke

Seinen Traum von antiker italienischer Architektur erfüllte sich Prinz Carl von Preußen mit dem Erwerb und Ausbau von Schloss Glienicke vor den Toren Potsdams unweit der Pfaueninsel durch Neu- und Umbauten nach Plänen von Schinkel, Persius und von Arnim. Von 1824 bis 1850 entstand aus einem kleinen Landhaus eine bedeutende klassizistische Schlossanlage, bestehend aus mehreren Einzelgebäuden und einem Landschaftsgarten nach Plänen von Peter Joseph Lenné.

Potsdam: Schloss Babelsberg 48

Bereits auf Potsdamer Stadtgebiet liegt die Parkanlage von Babelsberg mit dem ehemaligen Sommersitz des Prinzen und späteren Kaisers Wilhelm I. Das Schloss wurde 1834–48 von Schinkel, später Persius und Strack, im englischen neugotischen Stil erbaut. In der Parkanlage, die von Lenné und Fürst Pückler-Muskau gestaltet wurde, stehen unter anderem das Kleine Schloss (heutiger Zustand 1841/42), das Dampfmaschinenhaus (1843–45) (beide von Persius), das Matrosenhaus (1842) und der Flatowturm (1853–56, beide von J. H. Strack).

49 Potsdam: Stadtzentrum

Potsdam ist die Hauptstadt des Landes Brandenburg und liegt unmittelbar südwestlich von Berlin. Als ehemalige Residenzstadt Preußens ist sie für ihre einzigartigen Schloss- und Parkanlagen berühmt, die seit 1990 zu den UNESCO-Welterbestätten gehören.

Potsdam besitzt ein überwiegend intaktes historisches Straßenbild. An dieser Stelle können nur die wichtigen Sehenswürdigkeiten benannt werden.

Die klassizistische **St. Nikolaikirche** (Abb. rechts unten) am Alten Markt entstand nach Plänen von Karl Friedrich Schinkel 1830–37. 1843–50 erhielt sie unter Ludwig Persius und ab 1845 durch Friedrich August Stüler ihre 77 m hohe Tambourkuppel.

Gleichfalls am Alten Markt stehen das **Alte Rathaus** (Abb. Mitte rechts), das 1753–55 nach Plänen von Johann Boumann und Christian Ludwig Hildebrandt nach Ideen und im Auftrag Friedrichs des Großen erbaut wurde, und das 2010–13 rekonstruierte barocke **Stadtschloss**.

Das Filmmuseum Potsdam ist im **Marstall** am Alten Markt (Abb. oben) untergebracht. 1685 als Orangerie am Stadtschloss erbaut, erhielt der inzwischen als Reitpferdestall der Preußenkönige genutzte Bau im 18. Jahrhundert durch Georg Wenzeslaus von Knobelsdorff seine heutige Gestalt.

Das **Brandenburger Tor** (Abb. unten) am Luisenplatz steht am westlichen Ende der Brandenburger Straße. Das heutige Tor ließ Friedrich der Große als Zeichen des Sieges als römischen Triumphbogen nach dem Vorbild des Konstantinsbogens in Rom durch Karl von Gontard (Entwurf der Stadtseite) und Georg Christian Unger (Feldseite) erbauen.

Das **Nauener Tor** (Abb. Mitte links) von 1754/55 ist der erste neugotische Bau auf dem europäischen Kontinent.

50 Potsdam: Parkanlagen

Die größte Sehenswürdigkeit von Potsdam ist der Park Sanssouci. Das **Schloss Sanssouci** (1745–47, Abb. oben) von Georg Wenzeslaus von Knobelsdorff ist der bedeutendste erhaltene Bau des friderizianischen Rokoko. Friedrich der Große ließ die Sommerresidenz als Krönung eines umfangreichen Obstgartens mit Weinbergterrassen unterhalb der Schlossterrasse errichten. Sein Wunsch, neben dem Schloss begraben zu werden, erfüllte sich erst 1991.

Das **Neue Palais** (1763–69, Abb. unten links) von Johann Gottfried Büring und Carl von Gontard ist ein mächtiger Bau von etwa 250 m Länge im Westen der Parkanlage von Sanssouci. Das prunkvolle Innere umfasst mehr als 200 Repräsentations- und Wohnräume.

Das **Chinesische Teehaus** (1746–50) von Knobelsdorff steht in der mit zahlreichen Gebäuden und Statuengruppen aufwendig ausgestalteten Parkanlage von Sanssouci.

Das **Russische Dorf Alexandrowka** (Abb. unten rechts) liegt im Norden

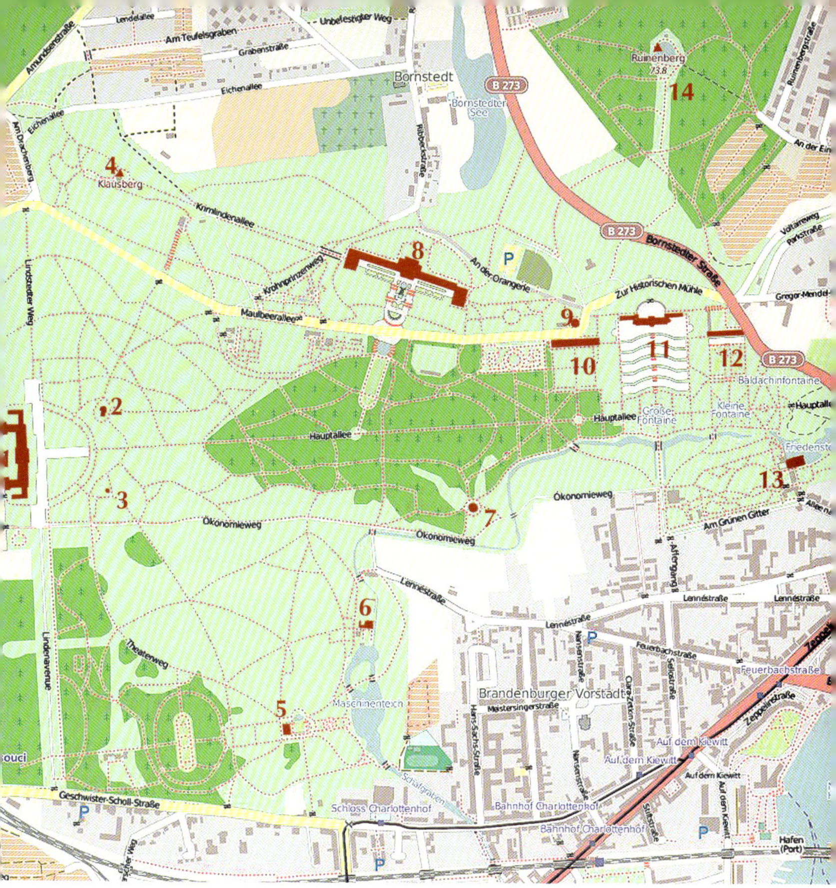

© OpenStreetMap contributors / www.openstreetmap.org

PARKANLAGE VON SANSSOUCI

1 Neues Palais
2 Antikentempel
3 Freundschaftstempel
4 Belvedere Klausberg
5 Schloss Charlottenhof
6 Römische Bäder
7 Chinesisches Haus
8 Orangerie
9 Historische Mühle
10 Neue Kammern
11 Schloss Sanssouci
12 Bildergalerie
13 Marlygarten mit Friedenskirche
14 Ruinenberg

der Stadt. König Friedrich Wilhelm III. von Preußen ließ es 1826/27 für die letzten zwölf russischen Sänger eines ehemals aus 62 Soldaten bestehenden Chores anlegen. Die Siedlung ist nach dem 1825 verstorbenen Zaren Alexander I. benannt. Wenige Meter nördlich der Kolonie entstand zwischen 1826 und 1829 für die russischen Bewohner die **russisch-orthodoxe Alexander-Newski-Gedächtniskirche** (Abb. rechts) auf dem Kapellenberg.

Berlin Liniennetz *Routemap*

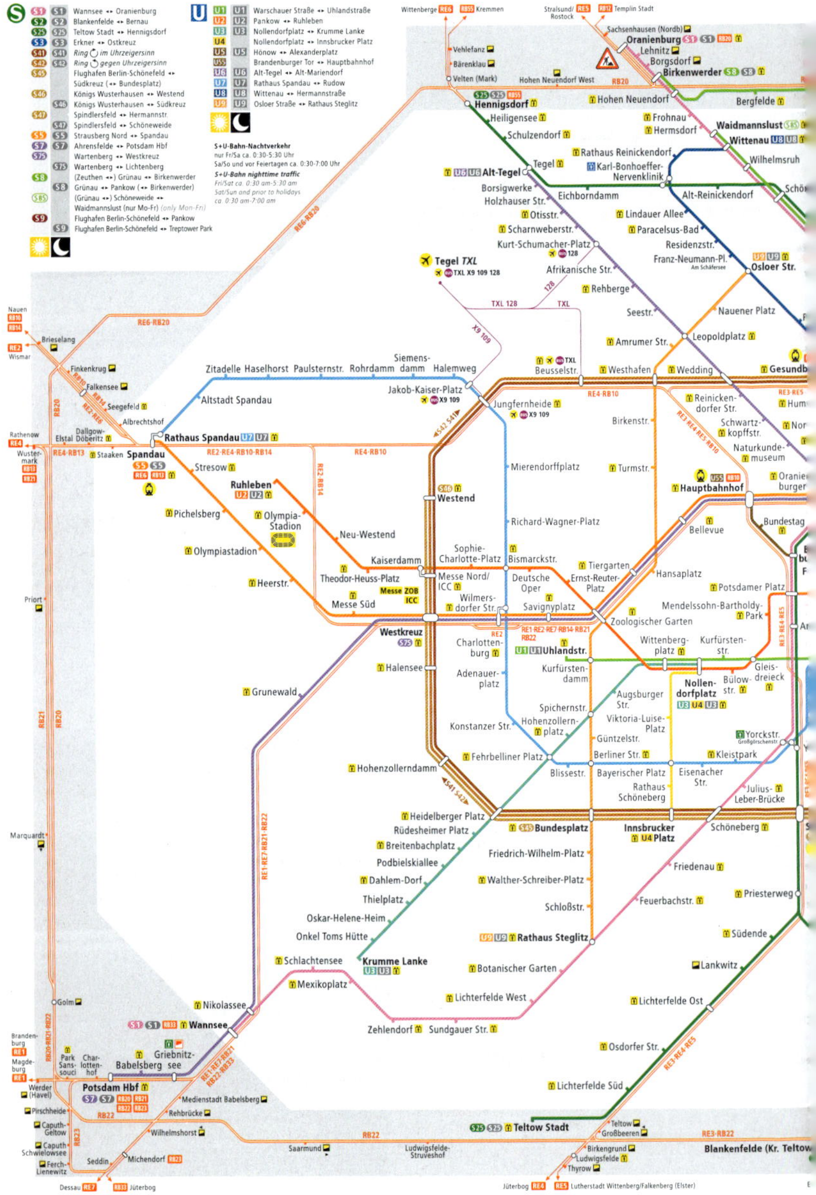

Legende Legend
S+U-Bahn-Linie mit Umsteigemöglichkeit
Urban Rail and Metro line, change of trains optional
Linie des Bahn-Regionalverkehrs
Line of regional train
Baustelle
Construction site
Bus-Anbindung zum Flughafen
Bus service to airport
Fernbahnhof
Long-distance railway station
ZOB Zentraler Omnibusbahnhof
Main bus station
Barrierefrei durch Berlin
Barrier-free Service
Barrierefreier Zugang/Aufzug zum Bahnhof
Entrance barrier-free lift to the station
Zugang zum Bahnhof über Rampe
Entrance via ramp to the station
Barrierefreier Zugang/Aufzug nur zu den angegebenen Verkehrsmitteln
Entrance barrier-free/Lift to the stated means of transportation only
Zugang über Rampe nur zu den angegebenen Verkehrsmitteln
Entrance via ramp to the stated means of transportation only
Tarifbereich Berlin
Fare zone
Service service
Berliner Verkehrsbetriebe (BVG)
www.BVG.de
BVG Call Center: 030 19 44 9
DB BAHN S Bahn Berlin
www.s-bahn-berlin.de
S-Bahn Kundentelefon 030 29 74 33 33
Verkehrsverbund Berlin-Brandenburg
VBB.de
VBB Infocenter: 030 25 41 41 41
Stand: 10. Februar 2013
Baubedingte Unterbrechung
des Bahn-Regionalverkehrs (RE5, RB12, RB20)
Rostock ◂▸ Neustrelitz ◂▸ Birkenwerder
voraussichtlich bis 26. April 2013.
Umleitung und Ersatzverkehr sind eingerichtet.
Baubedingte Unterbrechung
der U-Bahnlinie U6
Friedrichstr. ◂▸ Französische Str.
voraussichtlich bis Oktober 2013.
Groß Schönebeck (Schorfheide) RB27
Stralsund/Schwedt (Oder) RE3 RB60 Frankfurt (Oder)
Wensickendorf
Zühlsdorf
Wandlitzsee
Wandlitz
Basdorf
Schönwalde (Barnim)
Schönerlinde
Rüdnitz
Bernau S2 S2
Bernau-Friedenstal
Zepernick (bei Bernau)
Röntgental
Buch
Karow RB27
Blankenburg
Pankow-Heinersdorf
Pankow
Vinetastr.
Schönhauser Allee
Prenzlauer Allee
Greifswalder Str.
Eberswalder Str.
Senefelderplatz
Rosa-Luxemburg-Platz
Alexanderplatz
Schillingstr.
Strausberger Platz
Weberwiese
Frankfurter Tor
Samariterstr.
Frankfurter Allee
Jannowitzbrücke
Klosterstr.
Märkisches Museum
Ostbahnhof
Warschauer Str.
Heinrich-Heine-Str.
Moritzplatz
Prinzenstr.
Kottbusser Tor
Görlitzer Bhf
Schlesisches Tor
Ostkreuz S3 S3
Schönleinstr.
Hermannplatz
Südstern
Boddinstr.
Leinestr.
Rathaus Neukölln
Karl-Marx-Str.
Neukölln
Hermannstr.
Mariendorf U6 U6
Grenzallee
Blaschkoallee
Parchimer Allee
Britz-Süd
Johannisthaler Chaussee
Lipschitzallee
Wutzkyallee
Zwickauer Damm
Rudow U7 U7
X7 171 N7
Flughafen Berlin-Schönefeld
Schönefeld SXF
Waßmannsdorf
BER
Flughafen Berlin Brandenburg Airport
RE7 RB22
Wartenberg
Hohenschönhausen
Gehrenseestr.
Landsberger Allee
Storkower Str.
Frankfurter Allee
Magdalenenstr.
Nöldnerplatz
Friedrichsfelde Ost
Friedrichsfelde
Lichtenberg
Tierpark
Rummelsburg
Betriebsbahnhof Rummelsburg
Karlshorst
Treptower Park S9
Plänterwald
Sonnenallee
Köllnische Heide
Baumschulenweg
Schöneweide
Oberspree
Spindlersfeld S47 S47
Betriebsbahnhof Schöneweide
Adlershof
Altglienicke
Grünbergallee
Grünau
Eichwalde
Zeuthen S8
Wildau
Königs Wusterhausen S46 S46
Zeesen
Niederlehme Zernsdorf Kablow
RB36
Frankfurt (Oder) RB36
Cottbus RE2 RB14
Senftenberg
Ahrensfelde
Werneuchen RB25
Seefeld (Mark)
Blumberg
Ahrensfelde Nord
Ahrensfelde Friedhof
Mehrower Allee
Raoul-Wallenberg-Str.
Marzahn
Poelchaustr.
Springpfuhl
Strausberg Nord
Strausberg Stadt
Hegermühle
Strausberg
Hönow U5 U5
Louis-Lewin-Str.
Hellersdorf
Cottbusser Platz
Neue Grottkauer Str.
Kaulsdorf-Nord
Petershagen Nord
Fredersdorf
Neuenhagen
Kostrzyn (Küstrin) RB26
Biesdorf
Wuhletal
Kaulsdorf
Mahlsdorf
Birkenstein
Hoppegarten (Mark)
Elsterwerdaer Platz
Biesdorf-Süd
Wuhlheide
Köpenick
Hirschgarten
Friedrichshagen
Rahnsdorf
Wilhelmshagen
Erkner S3 S3
Fangschleuse
Frankfurt (Oder) RE1
Eisenhüttenstadt RE1
A
B
C
Redaktionsschluss: 1. Februar 2013
© 2013 Kartographie Berliner Verkehrsbetriebe (BVG)

Register